Le rhinocéros

Chantecler

Regarde, un rhinocéros!

Boum, Boum, Boum, Boum!
Voilà le gros et lourd rhinocéros.
Il est tellement lourd qu'il fait trembler
le sol.
Veille à ne pas te faire remarquer.

▲ Ses yeux sont bordés
de cils longs et épais.

▲ Le rhinocéros a de petits yeux.

Un lourdaud myope

Le rhinocéros n'y voit pas très bien.
Il a du mal à discerner les objets distants.
Lorsqu'il croit discerner quelque
chose au loin, il pense
que c'est un ennemi.
Il se lance sur lui
avec l'intention de l'encorner.

4

Une peau épaisse

La peau du rhinocéros est épaisse
comme une armure.
L'animal ne ressent rien lorsqu'il heurte
des buissons épineux.
Pourtant, les replis et les sillons
de la peau sont fins et fragiles.
Il arrive que des insectes s'y glissent.
Ils osent même le piquer ou le mordre.

▼ Le rhinocéros semble être recouvert
d'une épaisse carapace.

Je n'aime pas la viande

Le rhinocéros ne mange
que de l'herbe,
mais en quantité impressionnante.
C'est une question de poids.
Il broute durant des heures,
le nez plaqué contre le sol.
On dirait une gigantesque
tondeuse à gazon.

▶ Un seul rhinocéros pèse
plus que 100 enfants.

▼ Il coupe l'herbe à ras.

▲ Rien ne le distrait quand il boit.

▲ Un fameux coup de tête!

▲ "Sors de mon territoire!"

▲ Le mâle a trouvé une superbe femelle.

A l'attaque!

Les rhinocéros ne sont pas toujours aussi placides. Il leur arrive de se battre entre eux. Ils se battent en duel pour désigner le champion ou tout simplement pour la possession d'un coin d'herbe tendre. Ils s'élancent alors sur l'adversaire.

▼ Qui sera le vainqueur?

◄ Il lève la queue pour faire pipi.

Des besoins en grandes quantités

Le rhinocéros urine à torrents.

Ses excréments forment de véritables monticules.

Rien de plus normal,

lorsqu'on observe les quantités de nourriture

qu'il absorbe et d'eau qu'il boit.

▲ Le mâle disperse son jet d'urine aux quatre vents.

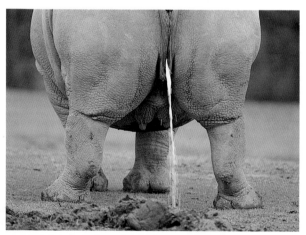

▲ Celui de la femelle coule comme une cascade.

▲ Le rhinocéros recouvre le sol de ses excréments.

▲ Ses excréments tombent en grande quantité.

▲ Un délicieux bain de boue.

▲ Ne regardez pas. Je me baigne.

▲ Il se frotte contre l'écorce d'un arbre pour
se débarrasser des insectes.

▲ La boue forme une
couche contre les insectes.

Le bain de boue

Il fait très chaud.
Le rhinocéros a des
démangeaisons.
Que fait-il?
Il prend un bain de boue.
Il adore se vautrer dans la boue
pour se rafraîchir.

▼ Non, la boue n'a vraiment rien de sale.

▲ La couche de boue le protège également contre le
soleil.

17

▲ A l'ombre des arbres, il fait plus frais qu'au soleil.

Silence! Les rhinocéros dorment ...

▲ Il ne peut se boucher les oreilles.

Après le bain, le rhinocéros recherche un endroit pour se reposer.
Ses yeux tombent de fatigue.
Mais ses oreilles restent grandes ouvertes.
Dès qu'il perçoit un bruit suspect, il ouvre les yeux.
Que se passe-t-il ici?

▼ Au moindre danger, il se redresse.

▼ Il doit certainement faire un beau rêve!

19

▼ Maman rhinocéros allaite son petit.

▼ Sa corne grandit de jour en jour.

▲ J'adore me blottir contre maman.

▲ Maman le protège contre vents et marées.

Les bébés rhinocéros

Le bébé rhinocéros doit
encore beaucoup grandir.
Il n'a pas encore de corne.
Il reste à proximité de sa maman,
parce qu'il n'est pas encore
en mesure de se défendre seul.

▲ Le bébé doit également apprendre à manger de l'herbe.

▼ Le pique-bœuf suit le rhinocéros à la trace.

▼ Le petit héron n'a pas peur du gros rhinocéros.

Mon meilleur ami

▲ "Continue à dormir. Je m'occupe des insectes!"

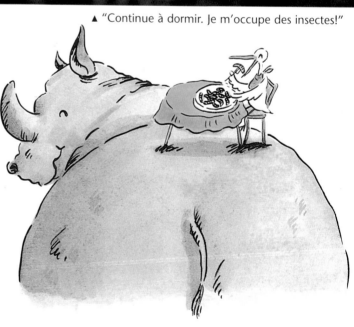

Le rhinocéros est souvent infesté
d'insectes piqueurs et suceurs.
Il parvient difficilement à
s'en débarrasser.
Heureusement, son ami, le héron,
se fait un plaisir de lui venir en aide.
Il adore les insectes
qu'il attrape un à un.

23

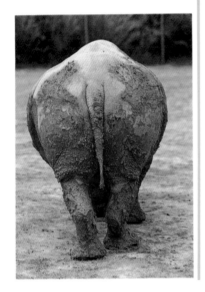